EXPOSITION UNIVERSELLE ET INTERNATIONALE

DE

LYON 1872

CATALOGUE OFFICIEL

GROUPE III

Ameublement et Décoration — Objets destinés à l'habitation

CLASSES 31 A 38

Paris

A.-E. ROCHETTE, Imprimeur-Éditeur-Concessionnaire
90, Boulevard Montparnasse, 90

JANVIER ET Cie, Régisseurs de la Publicité
17, rue du Bouloi, 17

Londres

J.-M. JOHNSON and Sons, 3, Castle street, Holborn
Concessionnaires pour la Grande-Bretagne

PRIX : **60** CENTIMES

GROUPE III

Classes 31 à 38

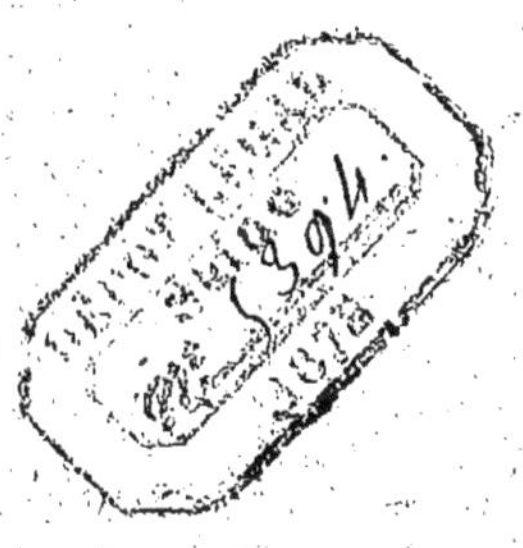

EXPOSITION UNIVERSELLE ET INTERNATIONALE

DE

LYON 1872

CATALOGUE OFFICIEL

GROUPE III

Ameublement et Décoration — Objets destinés à l'habitation

CLASSES 31 A 38

Paris

A.-E. ROCHETTE, Imprimeur-Éditeur-Concessionnaire
90, Boulevard Montparnasse, 90

JANVIER ET Cie, Régisseurs de la Publicité
17, rue du Bouloi, 17

Londres

J. M. JOHNSON and Sons, 3, Castle street, Holborn
Concessionnaires pour la Grande-Bretagne

GROUPE III

Ameublement et Décoration — Objets destinés à l'habitation

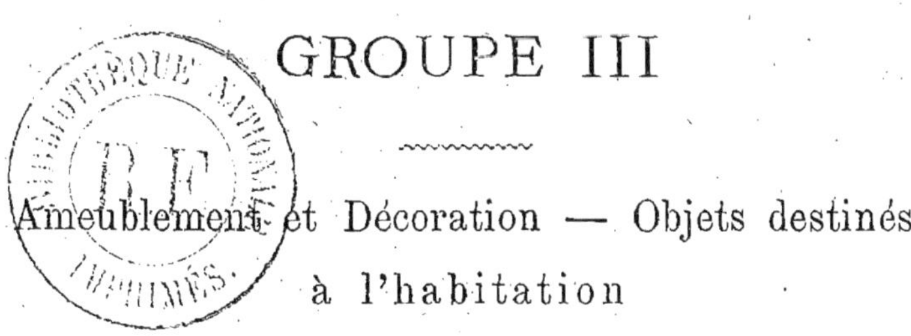

CLASSE 31

AVERSENG, Pierre, Chéragas (Algérie). — Crin végétal.

ARTEMALE, André, ébéniste, Gap (Hautes-Alpes). — Meuble imitation antique, style Renaissance.

ARNOULD, 16, rue du Mont-d'Or, Vaise-Lyon. — Lits-sommiers.

ARNAUD-GAIDAN, Nîmes. — Tapis et étoffes pour meubles.

BAIL, Villers-Bretonneux (Somme). — Un berceau en osier avec son pied, paillasse, nappe imperméable conductrice d'urine.

BALOUZET, Antoine, 28, rue Sainte-Élisabeth, Roanne (Loire). — Roulettes pour lit, nouveau système.

BASLER, Jean, professeur de gymnastique, Mulhouse. — Pupître mécanique.

BESSON, Henri, Serrières (Ardèche). — Chaire à prêcher en miniature.

DOUVARD, ébéniste, Ambléon, par Belley (Ain). — Table à ouvrage et porte-montres.

BLONDEL, F., 61, boulevard Sébastopol, Paris. — Toiles-cuirs dites Moleskines.

BOCHMÉ, François et Comp., Wintherthur (Suisse). — Cadres à glace, baguettes dorées et vernies.

BOUSQUIN, André, 106, Montée de la Grand'Côte, Lyon. — Meuble Renaissance en noyer.

BOUVIER, Auguste, quai de l'Hôpital, Lyon. — Sommier nouveau système et lit en fer.

BOYOUD, Célestin, rue de l'Abreuvoir, Alger. — Chaise dont les matières premières sont toutes coloniales.

BROSSER, E.-P., Chaussée du Pont, Boulogne-sur-Seine. — Machine à coudre les gants, sommiers américains.

CATTEAU et Comp., Roubaix (Nord). — Etoffes pour ameublements.

CESSOT, Antoine, et DUPUY, Henri, 41, faubourg Saint-Antoine, Paris. — Chaises, différents modèles.

Chaises décorées, chauffeuses, chaises dorées et chaises légères, grande spécialité de chaises cannées et à garnir, *41 faubourg Saint-Antoine.*

CESTIER, Louis, 16, rue Saint-Félix, Valence (Drôme). — Meuble-buffet.

CHAVANT, Camille, 12, cité Napoléon, Lyon. — Tapisseries brodées.

CHÉDIN, Bourges (Cher). — Toiles cirées.

CHÉRI-ANDREUCETTI, rue Luftade, Bordeaux. — Panneaux en bois peints.

CHOVIN, Charles, Mens (Isère). — Sommier élastique à bourrelets suspendus, système tabatière.

COIGNARD, Théodore, Château-Gonthier (Mayenne). — Table à coulisse système Louis XIII, deux échantillons de coulisses à chemin de fer (brevetées).

COULON, Gilbert, 1, rue Port-du-Temple, Lyon. — Tapis tenture d'ornement.

COURJON et Comp., 100, rue de l'Hôtel-de-Ville, Lyon. — Toiles cirées.

Usines à Montplaisir-lès-Lyon. Toiles cirés faux bois, Fil et Coton. Tapis de table. Percales pour chapellerie. Toiles pour Pharmacie. Toiles pour bâches et emballages. Parquets pour carrossiers et appartements. Taffetas gomme. Fabrique spéciale de Moleskines et Toiles-Cuir américaines.

COULLON, Firmin, 179, rue de Charenton, Paris. — Table mosaïque.

CRÉTIN, Claude et Comp., Saint-Symphorien-de-Lay (Loire). — Tapis à jouer, nouveau modèle, brevetés.

DÉMARCHI, Jules, 12, rue Bullat, Plainpalais, Genève. — Deux tapis faits à la main, dont l'un porte le nom de Magenta et l'autre celui de Solférino.

DIEUDONNÉ et DORENLA, Gustave, 71, rue Beaubourg, Paris. — Meubles chêne et hêtre.

DUPONT, L.-P., rue d'Aboukir, Paris. — Étoffes pour ameublements.

DURÉ et CHERRIER, 3, 5, rue Harlay, Paris. — Meubles.

DUBREUIL, L., 79, boulevard Richard-Lenoir, Paris. — Clous dorés pour ameublements.

ENCREMAZ, Annecy (Haute-Savoie). — Meuble placage rustique.

FAUCON, Félix, Chartres. — Meuble sculpté style Henri II.

FAVIER, 82, boulevard Beaumarchais, Paris. — Meubles.

FERRAND et Comp., 16, quai Saint-Antoine, Lyon. — Literie en fer.

FLAMENT, ingénieur civil, 16, rue des Amandiers, Paris. — Toilettes de luxe.

FORTIN et Comp., 66, rue d'Angoulême, Paris. — Feutres et tapis.

Inventeur de la **Machine à Composer et à Feutrer** le Feutre pour pianos, breveté en France et à l'Etranger, Prise Medal, Londres, 1851, Prise Medal, New-York, 1853, Médaille de 1re classe, Paris, 1855, Argent, Havre, 1868, Vermeil, Beauvais, 1869, Exposition universelle d'Altona, Médaille argent 1869. Galerie de la Sellerie. Tapis de selle tout cambré de notre invention accepté par l'armée française et l'état-major.

GALLAIS, Albert, 77, boulevard Richard-Lenoir, Paris. — Meubles.

GALLET, 11, rue Saint-Lazare, Paris. — Siéges d'ameublements et objets de literie.

GAMOT et DELAHAYE, 33, rue Vieille-Monnaie, Lyon. — Tapis.

Tapis de table.
Reps broché.

Tissus laine et soie et bourre de soie pour Tentures et Ameublements.

GENTHON, Joseph, 39, rue Centrale, Lyon. — Toiles cirées.

GILLET (de) d'AURIAC, Saint-Flour (Cantal). — Descente de lit. Tapis moquette.

GROS, Eugène, Saint-Martial-Verveyrol par Verteillac (Dordogne). — Buffet de salle à manger sculpté.

GUILLON et PERRET, rue Sainte-Jeanne, 1, Lyon-Guillotière. — Toiles métalliques, élastiques.

HARRY, D. W. Lower Road, Deptford (Londres). — Tapis kamptulicon.

HÉBERT, avenue Daumesnil, 24, Paris. — Meubles et siéges.

HORDÉ, Henri, Villers-Bretonneux (Somme). — Sommier hygiénique (nouveau système).

HUNSIGER, 13, rue Sedaine, Paris. — Meubles en ébène et en ivoire.

JACQUEMONT, Joseph, 16, rue Sainte-Hélène, Lyon. — Modèles de bandes de billards en caoutchouc, breveté s. g. d. g.

JARLAUD, Claude, 240, rue de Vendôme, Lyon. — Table à rallongés.

LAURENT, Joanny, 17, quai Saint-Antoine, Lyon. — Lits-sommiers.

LAUGIER, FARNAUD et Comp., 19, rue de Lyon, Lyon. — Tapis en sparterie, aloès et autres végétaux.

LONGUÉPÉE, Villers-Bretonneux (Somme). — Sommier hygiénique.

LATERRIÈRE (de J.) et Comp., 131, rue Saint-Honoré, Paris. — Sommiers Tucker.

LETOURNEUR, frères, 11, rue du Harlay-Marais, Paris. — Lits en bronze doré.

LOISY, A., rue du Louvre, 6, Paris. — Spécialité de services pour hôtels et cafés.

Les relations commerciales et très-étendues de la Maison **A. Loisy**, lui permettent d'établir à des prix très-modérés tous les articles en Porcelaines, Cristaux, Orfévrerie et Coutellerie se rattachant au service de Table, ainsi qu'à la fourniture générale des Hôtels, Cafés, Restaurants ou Paquebots.

La Maison de Limoges n'exécute les porcelaines blanches ou décorées que sur les modèles ou dessins de la création de M. LOISY.

Les Cristaux et Verreries sont établis à Paris, et c'est encore sous sa surveillance que la Taille et la Gravure sont les exécutées, ainsi que l'établissement de l'Orfévrerie et de la Coutellerie de table.

Cette Maison a la réputation d'être aujourd'hui une des plus importantes maisons de Paris et de Limoges, — par son chiffre d'affaires, — l'importance de sa clientèle en France et à l'Etranger, et la nombreuse variété de ses modèles.

Les vastes magasins de Paris sont les mieux assortis pour le service de Table et les Fantaisies artistiques.

MALET, Jules, et Comp., Castres (Tarn). — Chaises de divers genres.

MASSÉ, 55, boulevard de Strasbourg, Paris. — Sommiers élastiques et lits.

MENU et HOEFER, place des Terreaux, Lyon. — Meubles, siéges et tentures.

MANTIN, Victor, tapissier à Moulins (Allier). — Panoplie.

MERCIER, Hippolyte, Châlons-sur-Saône. — Paillasson pour abri.

MICHAUT, Pierre, 59, boulevard Saint-Michel, Paris. — Articles de literie.

MOREL, Etienne-Joseph, 6, rue du Château. — Table en chêne à rallonges.

MULATIER-SILVENT, 7, rue Mercière, Lyon. — Toiles métalliques.

Fabrique de Toiles métalliques en tous genres pour Papeteries, Féculeries, Garanceries, Raffineries, Meuneries, Distilleries, Verreries, Sucreries, Cristalleries, Fonderies, Brasseries, Fabriques de Porcelaines et Ciments, lavage de Charbons, Minerais et Laines. Toiles métalliques pour Blutages des farines, nettoyage des Blés; Tôles piquées et découpées pour trieur de Grains, soie pour Bluterie Toiles de crins, Tamis et Cribles de toutes dimensions et à tous usages. Ressorts pour Sommiers élastiques, Gardes-feu, Gardes-manger, etc., etc. Spécialité de Grillages pour **Vitraux d'église**, Volières, Ciels-ouverts, Clôtures de Jardins et de Parcs, etc. Usine rue Rabelais, 71.

PARADON, Jules, 17, rue de la Fontaine, Nîmes. — Sommiers et siéges nouveau système.

PAVY, 2, quai de la Vitriolerie, Lyon. — Meuble sculpté style Henri II.

POURTIER, sculpteur, 208, faubourg Saint-Denis, Paris. — Consoles et appliques pour pianos.

PRALET, Courbouzon près Lons-le-Saulnier (Jura). — Tableau en tapisserie.

PREMIÈRE FABRIQUE DE BOHÊME (la) de meubles en bois massif courbé à Niemes (Bohême). — Meubles.

RALLU, Henri et Clovis, la Ferté-Macé (Orne).

REYMOND, Alexis, 18, rue Maubeuge, Paris. — Tapis de Perse.

S'adresser à lui pour tous les articles de Perse et spécialement les tapis dans toutes les dimensions.

REYNARD, Francis, 69, cours Lafayette, Lyon. — Canapés, sommiers.

ROBIN, 10, place des Célestins, Lyon. — Billards.

RIVOIRON, Etienne, 1, place Croix-Pâquet, Lyon. — Tapis.

Fabrique de châles brochés. — Spécialité de cachemires **Bengalor**, breveté s. g. d. g. — Rayés **Adjemir**, breveté s. g. d. g.

Fabrique de Tapis de table (**genre Gobelin**). — Tapis et Tenture sans envers, brevetés s. g. d. g. — Médaille Paris 1867, le Havre 1868.

RINGUET, J.-F., 28, rue Bourbon, Lyon. — Meubles.

STEINER, Jacques, Inspruch (Tyrol-Autriche). — Matelas de fil de fer et lits de fer.

SOAVE, Joseph, Turin. — Meubles marquetés peints, dorés et incrustés en véritable nacre de perle. Tables de jeux, jardinières, etc.

SEMEY, E., 24, faubourg Saint-Antoine, Paris. — Meubles.

SAUGE, 74, rue des Martyrs, Lyon. — Meubles style Louis XIII.

SAULIÈRE, Eustache, 10, rue des Lions-Saint-Paul, Paris. — Restaurations de tapis antiques.

TAPLING, Thomas, fabricant de tapis, de 1 à 8, Gresham-Street. Londres. — Tapis Axminster et de Turquie.

TIVOLE et DAUBAS, successeurs, 20, 22, 25, quai des Brotteaux, Lyon. — Sommiers.

TOURNANT, Alcine, 8, rue de la Douane, Paris. — Toiles d'emballage, toiles grasses, toiles cirées, toiles à coller. Modèle de balle sous presse hydraulique.

Ancienne maison MAGNIANT Fils, Fabrique à Paris et au Quesnoy (*Somme*)

Emballage pour l'Exportation, en Tulle grasse, Toile et Paille. — Caisses en zinc et en fer-blanc. **Presse hydraulique** pour l'emballage en balles des Tissus, Papiers, etc., etc. Toiles d'emballage.

Toiles grasses. — Toiles cirées de toutes sortes. — Toiles à coller. — Toiles à jardins. — Bâches imperméables et inaltérables. — Papier ciré. — Papier goudron. — Cordes et ficelles.

PIANELLA et L. BRUCCIANO, 21, rue Saint-Denis, Saint-Étienne (Loire). — Garniture complète de cheminée.

PIFFRE, tapissier, Royan (Charente-Inférieure). — Fauteuils articulés brevetés s. g. d. g.

PICHON, jeune, 27, rue Saint-Pierre, Lyon. — Broderies, tapisseries à la main sur canevas.

PIQUÉE et frères, 122, rue de Rivoli, Paris. — Velours d'Utrecht et reps laine pour meubles.

VANLOO, 17, Rue Sedaine, Paris. — Ameublement d'une chambre à coucher, et chaises nouvelle invention.

VAYSSON, d'Abbeville (Somme). — Tapis et tapisseries.

VINCENT, Guillaume, rue de l'Hôtel-de-Ville, Lyon. — Lits et meubles.

CLASSE 32

BEUVE, Antoine, 339, rue Saint-Martin, Paris. — Stores peints transparents (figures, fleurs et paysages).

BONNOT, 8, boulevard des Filles-du-Calvaire, Paris. — Toiles peintes imperméables pour tentes. Bâches pour chemins de fer. Stores peints imprimés, tentes pour jardins.

BERTHET, Cavaillon (Vaucluse). — Papiers peints.

COURRIER, Fure, près Tullins (Isère). — Papier d'emballage.

FOLLOT, rue Bécaria, Paris. — Papiers peints.

GILLON et THORAILLER, passage Vaucanson, Paris. — Papiers peints.

GIRARD et Comp., Tiffauges (Vendée). — Papiers de tenture.

GUBIAN et ROY, 68, rue Saint-Jean, Lyon. — Vitraux peints.

JOMAIN et SARTON, 12, rue des Écluses-Saint-Martin, Paris. — Persiennes d'une seule pièce et fermetures en fer pour magasins.

Médaille d'argent 1867. — Persiennes brisées en fer, d'une seule pièce, Breveté, s. g. d. g., d'une grande solidité, offrant toute garantie contre l'effraction. — Fermetures en fer à rideaux pour magasins. Breveté, s. g. d. g.

LIVET, 9, quai Tilsitt, Lyon. — Sept panneaux papiers peints.

Manufacture de Papiers peints et Magasins pour la vente en gros et en détail à prix fixe. Décorations de tous les styles. Spécialité de reproduction des dessins assortis aux Etoffes pour ameublement. Envoi *franco* d'Echantillons sur demande.

MASSARTIE, Tours (Indre-et-Loire). — Store, dit jalousie.

MÉLEZ, 23, rue Childebert, Lyon. — Enseignes en tous genres.

PANISSET, 60, rue de l'Hôtel-de-Ville, Lyon. — Papiers peints et arrangements décoratifs.

PAVY et BRETTO, rue Saint-Nizier, Lyon. — Papiers feutres japonais pour tentures, vêtements, et impressions de luxe.

PELLETIER, Claude, Saint-Cyr-lès-Lyon (Rhône). — Papiers peints.

PÉROT, 18, rue Eugénie, Levallois-Perret (Seine). — Peintures, décoration d'appartements.

PEYRON, Vizille (Isère). — Papiers superfins avec ou sans apprêt, satinage continu.

RAYMOND, 55, rue de Vendôme, Lyon. — Stores et toiles claire-voies et rideaux.

RUH, Jules, Lucerne (Suisse). — Papiers peints.

ZUBERT et Comp., Rixheim (Alsace). — Papiers peints.

CLASSE 33

ARMAND, 34, rue Montholon, Paris. — Miroirs.

AUBRY, Jules, Bellevue, près Toul (Meurthe). — Vases et articles d'ornements en faïence décorée.

BARBIZET Fils, 15, place du Trône, Paris. — Poterie de luxe, poterie d'art, genre Palissy.

BÉROUX, Velacs-sur-Ouche (Côte-d'Or). — Feuilles de verre.

BOURNHONET, André, au Taldouer (Manche). — Tableaux mosaïques.

BESNARD, 32, rue aux Fèvres, Châlons-sur-Saône. — Deux petits vitraux d'appartement. |

BESSAC, Pont-d'Ain (Ain). — Vitraux peints.

BLOT, Boulogne-sur-Mer. — Groupes en terre cuite.

BOUDARD-THÉRIOT, boulevard Richard-Lenoir, Paris. — Un sujet en terre cuite galvanisée.

BOUVARD et AUDIBERT, 10, rue d'Alger, Lyon. — Céramique.

BOUVERT, Pierre, 63, rue de la Tombe-Issoire, Paris. — Céramique.

BROUN, WESTHEAD, MOORE et Comp., de Staffordshire (Angleterre). — Faïences anglaises, porcelaines.

BURDEL, Francis, 36, rue Croix-Jourdan, Lyon. — Bronzes d'arts, lustres, etc.

COLLINOT, Victor, Boulogne, près Paris. — Faïences d'arts, vases, panneaux, etc.

CURTILLET et DUPUY, verrerie de la Grosse-Mouche, à la Guillotière, Lyon. — Verrerie ordinaire et verrerie pour pharmacie et parfumerie.

COMPAGNIE PARISIENNE D'ÉCLAIRAGE et de chauffage au gaz, 6, rue Condorcet, Paris. — Cornues et pièces réfractaires.

CAILLOT, Fanny (Mlle), 28, rue Poncelet, Paris-lès-Ternes. — Faïences d'arts, plats coupés.

DEBORDE, 7, rue Mulet, Lyon. — Peintures sur verre.

DÉBORDE, Louis, 14, quai de Retz, Lyon. — Vitraux peints, d'églises et d'appartements.

DEJEY, Cognin, près Chambéry (Savoie). — Céramique.

DEMARTIAL et TAILLANDIER, Limoges. — Porcelaines décorées.

DOZE, rue du Bourg-lès-Valence (Drôme). — Vases de petites dimensions.

DURÉAULT, MOTTE et Comp., Grigny (Rhône). — Porcelaines opaques.

DUMONT, Étienne, Roanne (Loire). — Produits céramiques.

Produits en terre cuite pour la construction et l'ornementation des bâtiments, parcs et jardins. Expositions universelles de 1855 et 1867, médailles de bronze et d'argent; Expositions régionales, plusieurs médailles d'or.

DUPONT, 24, rue Morand, Paris. — Tableaux sur fragments porcelaines et cristaux.

FUGA, Angelo et frères, Murano, près Venise (Italie). — Miroirs et glaces vénitiennes.

GAILLARD, 4, rue Saint-Dominique, Lyon. — Décorations sur porcelaines et faïences.

GAIDAN, Ferdinand, 43, boulevard Dumuy, Marseille. — Faïences artistiques et orientales.

GALLÉ-REINEMER, Nancy (Meurthe). — Produits céramiques.

GARNIER, 13, rue Puits-Gaillot, Lyon. — Vases étrangers.

GARNIER, DOMINIQUE, rue Puits-Gaillot, 13, à Lyon

VASES ÉTRUSQUES

TIRÉS DE POMPÉI ET DE ROME

GEOFFROY et Comp., Gien (Loiret). — Faïences décorées fines et artistiques.

MANUFACTURE DE GIEN
Porcelaines opaques blanches et imprimées
et fayences artistiques

GEOFFROY & CIE
à Gien (Loiret)

Services de table en tous genres. — Services de toilettes. — Imitation des anciennes faïences de Rouen, de Moustier, d'Italie, de Marseille, etc., etc.
Médailles aux Expositions de Paris, 1844, 1855.
Nevers, 1863.

Orléans, 1863, 1868.
2 Médailles d'argent, Paris, 18
La 1re médaille pour l'excellence de ses produits.
La 2me pour son bon marché.
Médaille d'or, le Havre, 1868.

EXPORTATION
Dépôt à Londres pour les fayences artistiques
chez M. E. OPPENHEIM, 21, Park Side, Albert Gate.

GIRARD, Aprey, par Longeau (Haute-Marne). Faïences artistiques.

GOSSINS, 57, rue de la Roquette, Paris. — Statues de jardins en terre cuite.

GUBIAN et ROY, 68, rue Saint-Jean, Lyon. — Vitraux peints.

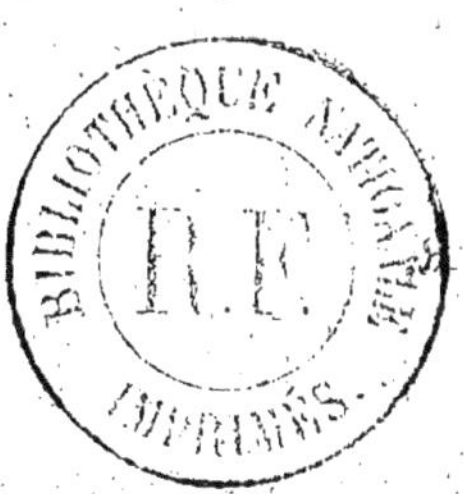

GUENIVET, Vierzon (Cher). — Verrerie en tous genres.

VERRERIES DE VIERZON

(Cher)

ERNEST GUENIVET

Ingénieur civil, ancien Élève de l'École centrale des Arts et Manufactures

Usines de la Croix-Blanche	Usines du Bois-d'Yèvre
à Vierzon-Ville	*à Vierzon-Forges*

Verreries fines et ordinaires, Unies, Moulées, Taillées, Gravées et Décorées en tous genres
Cristaux et demi-Cristaux de Fantaisie décorés

EXPORTATION

La position de ces établissements est exceptionnellement favorable ; ils sont reliés par les canaux aux bassins houillers du Centre et aux Carrières de sable de Fontainebleau, et rayonnent par cinq grandes lignes de fer vers tous les points de la France, et les ports d'Exportation.

L'importance de leur fabrication, la qualité et la beauté de leurs produits leur ont conquis depuis quelques années une situation sans rivale dans tout le midi de la France.

L'Usine de la Croix-Blanche, créée en 1860, occupe aujourd'hui quatre cents ouvriers ; sa production annuelle va atteindre un million de francs.

La nouvelle Verrerie du Bois-d'Yèvre, en construction à la Gare d'eau de Vierzon-Forges, sur un terrain de sept hectares, limité par trois grandes lignes de fer, le Canal de Berry et une route, conçue d'après les procédés les plus perfectionnés, et sur les bases les plus larges, est appelée à devenir bientôt l'une des grandes usines de France.

Mention honorable à l'Exposition universelle de Paris, 1867.

Grande médaille d'or à l'Exposition artistique régionale de Bourges, 1870.

GUILLEMIN, 21, rue Centrale, Lyon. — Porcelaines décorées.

GUYONNET, Calville, 31, rue des Vinaigriers, Paris. — Peintures sur porcelaines, faïences et verres.

HOURY, Jules, 37, boulevard de Strasbourg, Paris. — Faïences d'art montées.

IRVOY, Grenoble (Isère). — Céramique artistique, vases, etc.

JANIN, Tournus (Saône-et-Loire). — Briques en tous genres.

JAUBERT, rue de Penthièvre, Clermont. — Sept bas-reliefs en tous genres.

KOENING et KUPFER, Berne (Suisse). — Glaces dorées, verres gravés, etc.

LARBARÉ, Roanne (Loire). — Divers articles de sa fabrication.

Manufacture de produits céramiques. — Spécialité pour fontaines à filtre. — Poterie de grés à feu Email, sans base de Plomb.

LORRIN, Chartres. — Trois verrières.

LABESSE, Lorette (Loire). — Briques réfractaires.

M. F. Labesse vient de créer un établissement d'une très-grande importance | pour la fabrication spéciale, des Brique et Cornues à Gaz réfractaires.

LAUZIN, Bourg-Saint-Andéol (Ardèche). — Carreaux, mosaïques, granit, marbres artificiels.

LOISY, 6, rue du Louvre, Paris. — Cristaux et verreries, porcelaines.

LÉTU et **MAUGER**, rue Paradis-Poissonnière, Paris. — Sujets religieux en porcelaines, etc.

MAZIOLLI DEL TURCO, 197, rue Saint-Dominique, Paris. — Mosaïques en marbres et en émaux.

MONESTROL (Mis de) d'ESQUILLE, 15, rue Lapeyrouse, Toulouse. — Lot de faïences communes décorées.

MARTIN, Henri, de MARTIN Frères, 15, rue République, Marseille. — Divers produits en terres cuites.

MAUVERNAY Père et Fils, Saint-Galmier (Loire). — Verreries ou vitraux peints.

MOLL, Théophile, Sosselie (Belgique). — Poterie de santé en fer battu émaillé.

PAJOT, Montel, commune de Palinges (Saône-et-Loire). — Céramique.

PÉHU-SACHÉ, 6, rue Lafont, Lyon. — Faïences et porcelaines décorées et cristaux.

Porcelaines, Faïences et Cristaux, Nouveautés. Articles de fantaisie. Objets d'art.

PELAUDEIX et Comp., Bourganeuf (Creuse). Porcelaines.

PETIT-GIRARD (Mme Vve) et son Fils, Strasbourg. — Vitraux peints, deux pans de mosaïques, etc.

PLASSON, 12, rue Elbé, Paris. — Faïences antiques et modernes.

PRUNEAU, Blineau (Yonne). — Peintures sur verre non transparentes.

ROUSSEAU, 41, rue Coquillère, Paris. — Porcelaines et faïences.

ROZIÈRE, Romainville (Seine). — Verrerie et cristaux.

REVOL et Fils, Ponsas (Drôme). — Porcelaines à feu, cruches à bière et à liqueurs, etc.

REVOL, Père et Fils, Saint-Uze (Drôme). — Porcelaines, grès.

RELIN, Toury-sur-Abron (Nièvre). — Poteries et grès.

RIGAL et **SANEJOUAND**, Clairefontaine (Haute-Saône). — Faïence et porcelaines.

RICHARME, Frères, Rive-de-Gier (Loire). — Produits de verreries.

Verreries de la Loire et de la Drôme. Nantes, 1861. Valence, 1863. Toulouse, 1865. Bayonne, 1864. Paris, 1867.

Usine très-importante de verres à vitres, blancs et de couleurs, bouteilles de toutes qualités, dames-jeannes et bombonnes, cylindres en tous genres.

Usines : à Rive-de-Gier, Assailly-Lorette (Loire) et Valence (Drôme). **Entrepôts** : à Marseille, quai du canal, 6; à Nantes, rue d'Alger, 3, et à Toulouse, boulevard Napoléon, 30.

SCÉTO, Jean, 81, boulevard Montparnasse, Paris. — Un panneau de terre cuite.

SERGENT, 8, avenue d'Orléans, 106, Paris. — Produits céramiques.

SIMON et Comp., au Câteau (Nord). — Carrelage mosaïque, grès et céramique.

SAVOY, Charles, rue Centrale, 28, Lyon. — *Improvisateur italien en plâtre.*

SOUPIREAU et **FOURNIER**, 7, rue Hallée, Paris. — Faïences artistiques, grands vases, cache-pots, pendules, etc.

SOCIÉTÉ ANONYME DES TERRES PLASTIQUES ET PRODUITS RÉFRACTAIRES d'Andenne. — Divers objets en terres réfractaires.

TENEROLLE, 20, rue de la Paix, Saint-Etienne (Loire). — Une volière en bois faite au canif.

TASSON et **WASHER**, 20, rue de l'Astronomie, Bruxelles. — Parquets mosaïques en bois pour appartements.

TIERCELIN, 27, rue Vandamme, Paris. — Gravures et peintures sur verres.

THIERRY, Pont-d'Ain (Ain). — Vitraux peints.

THIERRY, 48, rue Caumartin, Paris. — Porcelaines.

TRAJIN, 22, rue de la Fidélité, Paris. — Fleurs en porcelaine.

TRUGIN, Camille (Mlle), Paris. — Fleurs en porcelaine.

TÉTRELLE, Beauvais (Oise). — 3 verrières.

VALIN, Givors (Loire). — Verres à vitres.

WINGERTER, Georges, Oberbetschdorff, arrondissement de Wissembourg. — Poterie de grès, tuyaux de fontaines.

WOODCOCK, 17, rue Paradis-Poissonnière, Paris. — Porcelaines.

UTZSCHNEIDER et Comp., Sarreguemines (Lorraine). — Grès, faïences, porcelaines.

CLASSE 34

AUDY, Louis, 40, rue Montmorency, Paris. — Imitation de perles fines, colliers, boutons, épingles, pendants d'oreilles.

BAILLET, Eugène, 27, faubourg du Temple, Paris. — Chaînes de montres en tous genres, dorées au mercure, métal blanc.

BARD et DAVID, Thiers (Puy-de-Dôme). — Coutellerie de poche et de table, rasoirs, broches et médaillons.

BESANÇON, Charles, 10, rue Chapon, Paris. — Dorure et argenture sur métaux.

BOLZANI, Jean, 17, rue Keller, Paris. — Chaînes et boucles en or, argent et acier.

BONTIN, J.-B., Thenezay (Deux-Sèvres). — Objets religieux en bois découpé doré, baldaquins pour exposition du Saint-Sacrement et châsses.

BOUASSE, E., jeune, éditeur, rue Massillon, Paris. — Statuettes en métal, religieuses, bronzées et dorées.

BUSSINGER, 22, rue Magnard, Paris. — Perles dorées.

CAPRA, 153, rue du Temple, Paris. — Bijoux imitation.

CHÉRON et DUPERRIER, 15, rue Béranger, Paris. — Maillechort en planches et couverts en même métal.

CHANÉ Frères, 29 et 30, quai Saint-Antoine, Lyon. — Couronnes métalliques.

CLAVIER et HUSSON, 29, rue des Gravilliers, Paris. — Objets dorés et argentés.

Maison H. Langevin, CLAVIER & HUSSON, successeurs
29, rue des Gravilliers
DOREURS SUR TOUS MÉTAUX

Dorure forte. — Or de couleurs. — Imitation des Dorures anciennes. — Platinage des Métaux à épaisseur. — Remise à neuf des bijoux anciens, soit émaillés ou non.	Dorure sur Argent, Cuivre émaillés, pour service d'église. Médaille de 2ᵉ classe, Exposition 1855. Médaille de 1ʳᵉ classe, Exposition 1867.

CHRISTOFLE et Comp., 56, rue de Bondy, Paris. — Orfévrerie.

CRESPIN-DESCHELUS, Jujurieux (Ain). — Sécateurs brevetés, dits sécateurs Crespin.

DEVAIN, Renan (Suisse). — Joaillerie et sertissages en tous genres pour horlogerie.

DORIS-ESCOT, fabricant de jais à Labastide-sur-Lhers (Ariége). — Bijouterie en jais.

DRUELLES, Henri-Joseph, 58, rue du Bourdon-Blanc, Orléans. — Imitation de pierres précieuses taillées.

DORIAN, LOLTZER, JACKSON et Comp., F. BINACHON, Directeur à Pont-Salomon (Haute-Loire). — Faulx, faucilles, sapes, sabres, coutellerie.

EMERY, 26, rue de Marseille, Lyon. — Bijouterie fausse.

FERRAND, Victor, 63, rue Impériale, à Lyon. — Un service complet d'orfévrerie.

FORNET, Aimé-Amédée, Bourg (Ain). — Bijoux, émaux bressans (ancienne maison Bonnet).

FOIN, Alexandre, 38, rue Chapon, Paris. — Chaînes et porte-mousquetons.

GAILLARD Fils, 4, rue Saint-Dominique, Lyon. — Porcelaines peintes et dorées, porte-huilier tout cristal, breveté.

GAUTRUCHE, 71, rue Rambuteau, Paris. — Dorure sur argent.

GERBAUD, 19, rue de Sèvres, Paris. — Bijouterie imitation.

GÉRARD, Eugène-Adrien, 101, boulevard Sébastopol, Paris. — Eventails en tous genres.

GOUSSET, statuaire, 4, rue Saint-Etienne, Lyon. — Statues terre cuite, fonte de fer, pierre, carton-pierre et plastique.

GUÉRIN-BRÉCHEUX, 1, boulevard de Strasbourg et 14, boulevard Saint-Denis, Paris. — Eventails.

Fabricant d'éventails en nacre — ivoire — écaille — os — santal — ébène, bois doré et vieux chêne. — Peinture — dentelles — fleurs et broderies — éventails anciens. Médailles 1854-1855-1858-1867-1868.

HADJADI, Salomon, 5, rue Randon, Alger. — Plateaux argentés.

HIRTZ, Eugène, 9, rue Notre-Dame-de-Nazareth, Paris. — Parures, chaînes, épingles, coiffures, etc., spécialité de boutons de chemises et manchettes.

HIRSCH-LHOPITAL, 129, faubourg Saint-Martin, Paris. — Bijoux. Articles d'église et de théâtre, armes, armures de toute époque.

JAVAL et Comp., 20, rue Imbert-Colomès, Lyon. — Découpures pour ornements or, argent et cuivre.

JOURNOUD, Félix, fabricant de coutellerie à Thiers. — Articles de coutellerie.

LAFORGE, 20, rue Michel-le-Comte, Paris. — Articles religieux,

médailles en or, argent et doublé, avec photographies et peintures.
Bijouterie religieuse.

Assortiment de Médaillons, Cassolettes émaillés et gravés, Cœurs à peintures, Croix nacre et ébène garnie.	Assortiment de Médaillons, Entourages dentelles fantaisies très-variées.

LOISY, 6, rue du Louvre, Paris. — Orfévrerie et coutellerie.

LÉPINE, I. et J., 15, place des Terreaux, Lyon. — Coutellerie.

MADINIER, B., et EMERY, 26, rue de Marseille, Lyon. — Bijouterie fausse.

MARMUSE, G., Fils, orfèvre, 26, rue du Bac, Paris. — Orfévrerie.

MARCHAL, G., 14, Grande-Rue, Besançon. — Rouge à polir.

MARIN, François-Théophile, Thomery (Seine-et-Marne). — Sécateurs, ciseaux sécateurs, échenilloirs, etc.

MONESTROL (de), Mᶦˢ d'ESQUILLE, chimiste, 15, rue Lapeyrouse, Toulouse. — Pierres fausses pour boutons et autres objets.

MÉTRAL, Louis, 30, rue Charlot, Paris. — Médailles religieuses.

MOULINASSE, 4, rue de l'Entrepôt, Paris. — Fabrique d'orfévrerie Ruolz, service de table.

MOUGIN et PRÉVOT, 160, rue de Vendôme, Lyon. — Bijouterie fausse.

MULLER, Félix, 50, rue Notre-Dame de Nazareth, Paris. — Articles de bijouterie dorée.

PEUVEL, Jean-Pierre, Fils, armurier à la Terrasse, près Saint-Étienne (Loire). — Objets en acier d'un travail artistique.

POULAT, A., Ferney-Voltaire (Ain). — Fabricant de filières en diamant, rubis et saphir.

RAVAL, Pierre, la Calle (Algérie). — Coraux et bijoux en corail.

ROBERT, Jean-Joseph, 15, rue Portefoin, Paris. — Couverts à incrustation d'argent.

ROCHARD et CINQUIN, 33, rue Imbert-Colomès, Lyon. — Sécateur, couteau à peler les légumes, etc.

ROUSSEAU, Théophile, 2, rue de Strasbourg, Paris. — Bijouterie.

RIETER-BIEDERMANN, J., éditeur de musique, Winterthur (Suisse). — Musique imprimée, édition de luxe.

SAVARY et RONDELEUX, 6, rue Vaucanson, Paris. — Joaillerie et bijouterie.

SEROR, Moïse, 86, rue de l'Hôtel-de-Ville, Lyon. — Bijouterie, objets du Levant.

SIMON, 35, rue de Lille, Paris . — Bijoux faux en filigranes de Gênes, et en corail.

SCHWAB, Achille, 31, rue Montmorency, Paris. — Bijouterie fausse.

TOUCHARD, 16, rue Montmorency, Paris. — Bijouterie et orfévrerie d'église, bijouterie de théâtre.

Médaille de bronze, Bordeaux 1865.
Bijouterie religieuse
Cœurs, Reliquaires, Châsses, Diadèmes. — Couronnes d'ostensoirs, Burettes à messes, etc. *Bijouterie et Armes de fantaisie pour théâtres et costumes.*

TOPART, Frères, rue Chapon, Paris. — Perles imitation.

Inventeurs de la **Perle lourde**, imitation de Perles fines, Perles dorées et argentées, Ⓐ 1844, Ⓑ New-Yorck 1853, médaille de 2ᵉ classe, Exposition universelle 1855. Admis à l'Exposition et au Cabinet de minéralogie de Londres, Ⓐ Paris 1867, nouvelle imitation du Corail, breveté s. g. d. g., Spécialité de Perles pour les Indes, Boutons pour Robes et Perles pour la bijouterie et coiffures, etc., etc.

VERMARE, 5, rue Saint-Étienne, Lyon. — Statues religieuses, de diverses matières.

Statues religieuses dorées et polycromées, en pierre, carton-pierre, terre-cuite grès-céramé et bois doré.
Statues de papier-toile, ayant 1 mètre de hauteur, portatives pour processions, ne pesant que sept à huit kilogrammes.
Ornements, peinture et dorure d'église.
Canons d'autels et statuettes plastiques.

CLASSE 35

AILLERET, 72, rue Hauteville, Paris. — Bronzes, objets d'art.

BIRGKANN, Paul, 44, rue Paradis-Poissonnière, Paris. — Porcelaines montées sur bronze.

BOYER Fils, Frères, 64, rue Saintonge, Paris. — Bronzes d'art et d'ameublement, garnitures de cheminées.

BURDEL, 19, rue Montesquieu, Lyon. — Bronzes pour églises.

CAILLE (Mlle), artiste céramiste, 111, rue de Rome, Paris. — Faïences d'art.

DOMANGE-ROLLIN, E., 55, rue de Bretagne, Paris. — Bronzes d'ameublement.

DURENNE, Antoine, 30, rue de la Verrerie, Paris. — Fontes d'art. — GRIFFITH et BROWET, à Birmingham (Angleterre). — Vases ornés en tôle vernie.

KNAPP, J. 11, rue des Bouchers, Strasbourg. — Bronzes en poudre.

LEMAIRE, Auguste, 121, rue Vieille-du-Temple, Paris. — Bronzes d'art et d'ameublement.

LORSEL, Alphonse-Edouard, 6, rue Réaumur, Paris. — Monnaies anciennes (numismatique).

MARLIE Fils, 20, rue d'Enghien, Lyon. — Bronzes d'art.

Louis MARLIE

Bronzes pour Mobilier d'édifices religieux, Statues en bronze
grandeur naturelle et de toutes dimensions
Eclairage à la bougie et au gaz. — Montures de cristaux
Manufactures à Lyon, rue d'Enghien, 20, et à Paris, rue de Saintonge, 20
Médailles aux Expositions d'Albertville et de Rome

Le bon goût, la délicatesse, le caractère si séduisant et réellement artistique des bronzes exposés par M. MARLIE, sont trop frappants pour que nous ayons à faire ressortir leur mérite ; sa maison est d'ailleurs une des plus anciennes dans sa spécialité, et sa fabrication n'a pas cessé de se tenir à la hauteur du progrès. — Nous dirons seulement qu'il a su réunir dans sa Manufacture de Lyon — la plus importante de cette ville — toutes les branches de fabrication que comporte son industrie, ce qui lui permet de produire et de livrer à très-bas prix des objets d'art réunissant à l'élégance des formes le fini d'une exécution parfaite. M. MARLIE, en créant sa maison de Paris, a su s'entourer d'artistes du plus grand mérite, comme Statuaires, Dessinateurs et Modeleurs, et, par ce moyen, maintiendra toujours élevé le niveau de sa fabrication. Le personnel de ses deux manufactures est de plus de 350 ouvriers.

M. MARLIE expose une série très-variée de Lustres, entre autres un Lustre monumental de style Renaissance, véritable chef-d'œuvre, et des Lustres bronze doré et cristal ; un Autel du XIIIᵉ siècle, une Vierge-Mère style du XIIIᵉ siècle en bronze doré avec parties argentées ; — de grands Candélabres de styles Renaissance et gothique ; des Vases en cristal avec montures en bronze doré, divers modèles de Chandeliers d'autels, plusieurs Châsses style roman et gothique ; des Reliquaires et Encensoirs, des Lampes de chœur de tous styles, dont une avec mosaïque en verre émaillé genre Venise ; Chemin de Croix, Couronnes de lumière et divers objets en cristal avec montures bronze.

Il nous paraît superflu d'insister sur l'importance de cette exposition, un des plus remarquables qui aient été faites jusqu'à ce jour.

MOREAU, W., rue de la Station, Gand ; Grande-Place, 17, Lille. — Portraits médaillons peints à l'huile, d'après clichés photographiques spéciaux également d'après portraits cartes et autres portraits.

MUSSON et BELLONI, sculpteur, rue Bourgelat, 6, Lyon. — Buste de la République, bronze et plâtre.

REVOIN JACQUIER, 13, rue Saint-Dominique, Lyon. — Bronzes.

SUSSE Frères, place de la Bourse, Paris. — Bronzes artistiques.

CLASSE 36

ALLIANCE HORLOGÈRE, Chaux-de-Fonds (Suisse). — Montres.

AMBLET et PONCET, droguistes à Genève (Suisse). — Huiles pour l'horlogerie.

AVRIL, G., à Trois-Fontaines (Meurthe). — Verres de montres.

BADOLLET, E.-M. et Comp., 14, rue du Stand, Genève; 50, Greck-Street, Soho London. — Horlogerie de poche.

BAUD, Flavien, à Evillers-sur-Uziers (Doubs). — Chevilles de fusain pour horlogerie.

BENOIT, directeur de l'École nationale d'horlogerie de Cluses (Haute-Savoie). — Spécimens du travail des élèves, etc.

BENOIST, Alix, rue Chevrottière Charlieu, (Loire). — Pendules à hélices.

BERNOUX, M., fabricant de pendules, 90, rue Vieille-du-Temple, Paris. — Pendules, candélabres et mouvements.

BESSON-MÉRIGUET, Annecy (Haute-Savoie). — Pendule astronomique.

BIZOT, J., chef de station télégraphique, Arles-sur-Rhône. — Pendules électriques en bois.

BLANCHEBARBE, 1 *bis*, rue du Perron, Besançon. — Montres et pièces d'horlogerie.

BOULNOIS, Louis, 4, rue de Picardie, Paris. — Aiguilles de pendules.

BOVY, Jacques-Etienne-Anthony, la Chaux-de-Fonds, (Suisse). — Aiguilles de montres, pendants et couronnes, mécanismes pour remontoirs et montres.

BROSSIER, 17, rue Vieille-Monnaie, Lyon. — Horloges publiques.

Machines de précision pour les arts et l'industrie. Appareils de démonstration. | Fabrique de pièces détachées et d'engrenages de toutes formes.

CHARVET, Louis, aîné, 48, rue de l'Impératrice, Lyon. — Horloges mécaniques.

CONOD, Auguste, horloger à Lausanne (Suisse). — Système de moteur électrique faisant fonctionner des pendules.

CONSTANTIN et Comp., Plaine de Valsch près Sarrebourg (Meurthe). — Verres de montres.

CUENIN, Eugène, Montandon, canton de Saint-Hippolyte (Doubs). — Boîtes de montres en melchior.

DACLIN, Foncine-le-Haut (Jura). — Pendules, cabinets à glaces, etc.

DÉJARDIN, Jules, 26, rue d'Angoulême, Paris. — Horlogerie mécanique.

DELARUE, Félix, Sidney (Australie). — Fournitures de bijouterie et d'horlogerie.

DANCET, LAMBERT et Fils, à Cluses (Haute-Savoie). — Fournitures d'horlogerie.

DUPONT-VARENNE, 21, rue Pont-aux-Choux, Paris. — Grosse horlogerie.

FARCOT, rue des Trois-Bornes, Paris. — Horlogerie.

FAURE, Edouard, au Bas-du-Sachet, près Cortaillod (Suisse). — Outils d'horlogerie.

FERRET, Eugène, graveur mécanicien, 5, rue de Lyon, Paris. — Produits d'horlogerie, compteurs, numéroteurs, outils d'horlogerie.

FESSY, Jean, boîtier, 99, rue Moncey, Lyon. — Boîtes de montres, nouveau modèle.

FREZARD, François, à Montandon (Doubs). — Horlogerie.

FUMEY, J.-M., Foncine-le-Haut (Jura). — Horloges.

GONDY Fils aîné, la Chaux-de-Fonds (Suisse). — Montres or, argent, bronze d'aluminium. Spécialité de montres remontoirs au pendant.

GUILMET, André-Romain, 54, boulevard Sébastopol, Paris. — Pendule à statuette tenant le balancier.

HAAS, Jeune, 104, boulevard Sébastopol, Paris. — Horlogerie.

B. HAAS JEUNE ET Cie, Manufacture d'Horlogerie, breveté
quai du Mont-Blanc, 5, à Genève, Grande-Rue, à Besançon;
boulevard Sébastopol, 104, Paris

Nouveau système de Montres, breveté, se remontant en regardant l'heure, dites perpétuelles.	Quantièmes perpétuels indépendants du mouvement, et Chronomètres inrenversables.
FRANCE	EXPORTATION.

HOEL, I., 26, boulevard Voltaire, Paris. — Pince-nez brevetés, lunettes faces à main.

HUGUENIN, Charles-Louis, 59, Quartier-Neuf, au Locle (Suisse). — Produits d'horlogerie, échappements à ancres, et assortiments pour échappements à ancres.

KLEIN, 22, rue du Rhône, Genève. — Ressorts pour montres.

LAFUERENNE (de), au Mont-Saint-Angel, par Montluçon (Allier). — Horloge électrique. Plan de moulin à vent.

LEBLANC, François, Neuville (Rhône). — Montre, invention nouvelle.

MADLIGER, 29, Cours Morand, Lyon. — Horlogerie de la Forêt-Noire, pendules à coucou et à chant de caille; pendules sculptées.

MILDÉ, 9, rue Pauquet, Paris. — Régulateur électrique à sonnerie; récepteurs magnétiques pour cadrans de différentes dimensions.

NOEL, Victor-Alfred, 257, rue Saint-Denis, Paris. — Pendules à réveil; un mouvement à répétition et quarts.

PINAIRE, M.-E., 9, rue des Granges, à Besancon (Doubs). — Horlogerie, bijouterie, boîtes de montres, brutes, finies.

PRÊTRE Père et Fils, à Rosureux (Doubs). — Horloge d'église.

REYNAUD, Auguste, boulevard Saint-Louis au Puy (Haute-Loire). — Pendules-tableaux, bois sculpté.

RIONDEY, François, quai de Strasbourg, Besançon. — Montres à échappement visible.

ROBBEZ, Olivier, Frères, Longchaumois (Jura). — Objets d'optique et d'horlogerie.

ROBERT, mécanicien, 80, quai de la Gare, Paris. — Horloge.

ROSSIGNOL, A.-A., 2, rue Demeurs, Paris. Deux modèles de pendule à remontoir électrique, breveté.

SANDOZ, 147, Palais-Royal, Paris. — Horlogerie.

SÉBILLE, Albert, menuisier à Champagnol (Jura). — Boîte de pendule en bois découpé.

SUSSE Frères, 31, place de la Bourse, Paris. — Bronzes d'art, pendules, ameublements.

THEURILLAT, Jules, Porrentruy (Suisse). — Divers produits d'horlogerie.

TILLIÈRE, Alphonse, Cluses (Haute-Savoie). — Mouvements de montres pour remontoirs et pièces à clés.

VAUCHEZ, Louis, Pezeux, près Neuchâtel (Suisse). — Huile pour l'horlogerie.

VEYRET, 36, rue de Lyon, Lyon. — Outils et fournitures pour l'horlogerie.

Spécialité d'Outils pour Horlogers, Bijoutiers et Graveurs.   EXPORTATION

CLASSE 37

ARBAN (Mme), 20, rue Caumartin, Paris. — Bronzes, chandeliers, candélabres.

ARBAN (Mme), passage de l'Opéra, galerie de l'Horloge, Paris. — Porte-bougie automatique.

ARNAUD, 34, rue Montholon, Paris. — Miroirs-réclames.

AUDOUIN, 6, rue Condorcet, Paris. — Appareils divers en matières réfractaires.

BAUDON Fils, faubourg Saint-Martin, Paris. — Appareils de chauffage.

Médaille d'or au Havre, 1868 ; 1re Médaille à l'Exposition de 1867 ; Délégué de la classe 24 ; Méd. à Londres en 1867 ; Méd. de 1re classe en 1855

Fabrique spéciale de Fourneaux de cuisine en tous genres et à circulation d'eau chaude. — Grandes Rôtisseries avec moteur à hélice à air dilaté. — Fourneaux spéciaux pour la marine. — Four à pain. — Fournisseur du Gouvernement, de la Ville de Paris, de l'Assistance publique, des Lycées nationaux, de S. M. le roi des Belges, du Vice-roi d'Egypte, du Grand-Hôtel, de l'Hôtel du Louvre, des premiers Etablissement, de France et de l'Etranger.

BONTEMS et Comp., 19, rue du Dragon, Paris. — Chauffage par essences minérales.

BOUCHER et Comp., Fumay (Ardennes). — Appareils de chauffage.

BOUCHER, M.-F., et Comp., Fumay (Ardennes). — Appareils de chauffage fonte polie.

BOURGEOIS-COSSON, Mouzon (Ardennes). — Pelles, pincettes et chenets en fer et cuivre.

BOURSIER, 25, quai de la Joliette, Marseille. — Appareils de chauffage.

BOUTIER et Comp., 58, quai de l'Hôpital, Lyon. — Fourneaux et appareils de cuisine et de chauffage.

BRENGUIER, 65, rue de Chaillot, Paris. — Fourneaux et calorifères.

BRUEL Fils, 18, rue de Condé, Lyon. — Appareils de chauffage.

BROUSSAS, Louis, 23, rue Vauban, Lyon. — Appareils de chauffage.

BRUN et Comp., 66, cours Bourbon, Lyon. — Forges portatives. Ventilateurs pour tous emplois, fournisseurs des arsenaux de la marine nationale. Médailles d'argent à l'Exposition de Montpellier, 1860; de bronze, à Saint-Dizier, 1860 ; de bronze, à l'Exposition universelle de Paris, 1867.

Cette maison s'est depuis longtemps placée au premier rang dans son genre de produits, sa renommée nous dispense d'en faire un plus long éloge. Le meilleur indice de la supériorité de ses appareils est leur emploi constant par les grandes Compagnies de chemin de fer et Navigation , les grands constructeurs, et par la Marine nationale dont elle fournit les arsenaux depuis une quinzaine d'années environ.

CARRET, Joseph, rue Favre, Chambéry. — Poêles hygiéniques pour appartements, serres, etc.

CAUSSEMILLE Jeune et Comp., 30, boulevard de la Madeleine, Marseille. — Allumettes.

CHALIÈS, Justin, 9, rue Viala, Paris. — Chauffage.

CHAMBON-LACROISADE, 179-186, faubourg Saint-Denis, Paris. — Appareils de chauffage, et produits divers en fonte de fer.

CHAMPEAUX (G. de) et Comp., Autun (Saône-et-Loire). — Minerai bitumineux, huile minérale et ses dérivés.

CHENUT-LAMOTTE, Auxonne (Côte-d'Or). — Marmite lucifoïde.

CHEVRILLOT, 70, rue Oberkampf, Paris. — Appareils de chauffage.

COCHE, route d'Heyrieux, à Montplaisir près Lyon. — Modèle de calorifère.

CORDIER, veuve et fils, Sens (Yonne). — Appareils de chauffage et de ventilation.

Appareils brevetés s. g. d. g., remarquables par leur simplicité, la modicité de prix, la puissance calorifique et ventilatrice ; vue de la flamme ; utilisation de la fumée ; pose et ramonnage faciles ; emploi de tous combustibles. Récompense Paris 1867.

CUAU, aîné et Comp., 88, boulevard de Courcelles, Paris, — Calorifères à air chaud et un bouilleur pour chauffage de serres, foyers économiques, appareils à surface de chauffe verticales.

DEMANGE, Fils, à Frémonville (Meurthe). — Tirage appliqué aux fours continus.

DREVET, 73, rue de Vauban, Lyon. — Thermosiphon, chauffage de serres et d'habitation.

DUPORT, 25, quai Tilsitt, Lyon. — Appareils de chauffage.

DURIN, Ad., et fille aînée, 8, rue Saint-Bon, Paris. — Couvre-lampes, dessous de lampes et bobêches en laine.

EDANT, à la Chaléassière (Saint-Etienne). — Un foyer fumivore à flamme renversée.

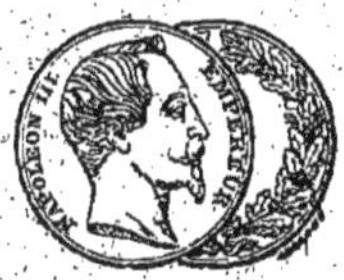

EVE

BREVETÉ S. G. D. G.

36, rue des Vinaigriers, 36

PARIS

Marque

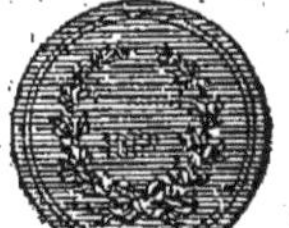

de fabrique

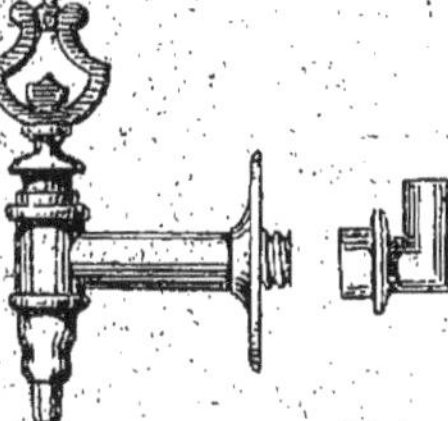

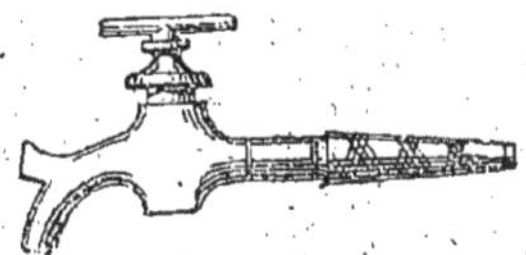

FABRIQUE SPÉCIALE DE ROBINETS EN MÉTAL BLANC HYGIÉNIQUES

Pour le soutirage et la mise en bouteilles des vins, bières, cidres, liqueurs, vinaigres, extraits d'essence, en métal blanc, bardés et renforcés, de forme Mâcon et autres. Pour fontaine de ménage.

ENFER, A., jeune, mécanicien, 10, rue Rambouillet, Paris. — 2 forges portatives, 1 soufflet.

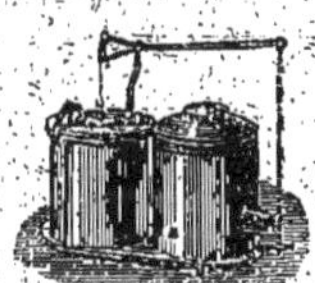

ENFER ET SES FILS

ERNEST ENFER, successeur

10, rue Rambouillet, Paris, 10

24 Médailles

Forges portatives, Soufflets de forge, Tables de chimie et Forge de laboratoire.

Soufflets à pression, pour essayer les conduites d'eau, de gaz, etc.,

Appareils à gaz hydrogène pour souder le plomb.

Machines soufflantes à 4 vents.

Étaux, Enclumes, Outils divers de forge

FAUVEL, Louis-Alexandre, 86, rue Amelot, Paris. — Flambeaux, suspensions et appliques.

Flambeaux-Lanternes pour Jardins, Cours, Appartements, ne s'éteignant jamais, même par le plus grand vent, ce flambeau se fait sur cinq modèles, variant d'élégance et de prix. — Candelabres, Appliques et Suspensions à 2, 3 et 6 branches.

FORTOUL, THÉVENIN et Comp., Mâcon. — Robinetterie, chandeliers, flambeaux.

FOUGERAT, cadet, Montrosier (Rhône). — Appareils d'éclairage.

GARLANDIER, Emile-René, Auxerre (Yonne). — Appareil de chauffage Garlandier.

GENESTE Fils, et HERSCHER, 42, rue du Chemin-Vert (Paris). — Appareils de chauffage.

Maison fondée en 1794. Grands Prix et Médailles d'or aux Expositions Universelles. — Concessionnaires des Brevets pour la Ventilation mécanique, système Piarrou de Mondésir (*Emploi de l'air comprimé comme propulseur d'air*). — Chauffage à air chaud, à eau chaude et à vapeur. — Installations industrielles. *Calorifères Français* pour le chauffage des églises. — Appareil *Thermo-Conservateur*, seul adopté après Concours par la Ville de Paris, pour le chauffage des Ecoles et des Asiles. — Appareils spéciaux pour Hôpitaux, Lycées, Casernes, etc.

GIRARDIN, Paul, 83, rue du Temple, Paris. — Lampe modérateur pétrole, lanterne marine, etc.

GIRODON, MONTET-STOKER, 6, rue Saint-Victorien, Lyon. — Appareils de chauffage portatif, combustible chimique, système, Stoker.

GIROUD, Henry, 49, rue Hauteville Paris. — Régulateurs à gaz.

GIROUD-d'ARGOUD, 22, Cours d'Herbouville, Lyon. — Fumivore à flamme renversée.

GODIN-LEMAIRE, Jean-Baptiste-André. — Méubles de chauffage en fonte.

GOYARD, F., rue Folies-Méricourt, Paris. — Creusets réfractaires.

GRANDRY Fils, Nouzon (Ardennes). — Pelles, pincettes, chenets, candélabres, etc.

GREEN, Edward, et Fils, à Manchester (Angleterre). — Modèle de bouilleur réchauffeur.

GROSSOT, F. V., 11, rue Laval, Paris. — Appareils de fumisterie.

GUÉVILLER, Autun (Saône-et-Loire). — Appareils d'éclairage minéral.

GUILLET-FAURE, Grenoble. — Appareils de chauffage.

HEU-GUILLEMONT, 16, rue Montgolfier (Paris). — Lampes, suspensions, lustres, candélabres, etc.

ÉCLAIRAGE EN TOUS GENRES

HEU-GUILLEMONT

USINE A VAPEUR

39, rue Volta, et rue Montgolfier, 16

PARIS

GRANDE FABRIQUE

DE LAMPES ET APPAREILS D'ÉCLAIRAGE

pour Villes, Ateliers, Établissements publics et Chemins de fer

SPÉCIALITÉ

POUR LAMPES AU SCHISTE ET AU PÉTROLE

LAMPES A MODÉRATEUR

BEC PERFECTIONNÉ

SUSPENSIONS POUR SALLES A MANGER ET SALLES DE BILLARDS

Suspensions brisées, brevetées s. g. d. g.

ENTREPRISE D'ÉCLAIRAGES PUBLICS

Éclairage des villes par le schiste

Avec des appareils spéciaux brevetés s. g. d. g., disposés pour s'éteindre seuls à une heure déterminée et dont la lumière se règle comme celle du gaz.

Lampes à Modérateur

JOLY, V.-C., 11, rue Boissy-d'Anglas, Paris. — Cheminée-poêle.

JORET, H., et Comp., 80, rue Taitbout, Paris. — Modèle de pont en fer. Photographies de ponts et charpentes en fer.

JULIN, Joseph, Flémalle près Liége (Belgique). — Collier garniture métallique pour industrie. Lampe de sûreté pour charbonnage et mines à grisou; perfectionnement de la lampe Mueseler. Brevet belge, 1866.

LEAU, 15, rue Dunoir, Lyon. — Appareils de chauffage.

Constructeur breveté s. g. d. g. pour divers appareils de chauffage, fournisseur des hospices et de la Cie de la Rue de Lyon, Construction de calorifères pour grands établissements, fourneaux pour cuisine d'hospices, pensionnats, hôtels, etc.

LEBLONCH, Alger. — Lanternes.

LEBLOND et MULOT, 47, rue Abbatucci, Paris. — Dessin d'éclairage au gaz.

LEDRU de BOURNONVILLE et Comp., rue de la Reine, Lyon. — Calorifères.

LOTOT, Louis, et MOREAU-LABE, Saulieu (Côte-d'Or). — Allumettes.

MARMET, Ferdinand, 9, rue des Trois-Bornes, Paris. — Lampes.

MAUREL, François, 17, rue de la Chapelle, Paris. — Accessoires pour l'éclairage.

MATHIAN, Benoît, 54 et 56, rue de Sully, Lyon. — Appareils de chauffage.

MÉNÉTRIER, curé à Sauvigney-les-Angery (Haute-Saône). — Cheminée dite Française.

La **Sans-pareille**, portative et à calorifère. Inventeur breveté s. g. d. g.

Beaucoup de maisons ont déjà plusieurs de ces cheminées.

L'inventeur se contente d'en citer seulement deux :

Le couvent des dames Dominicaines de Langres, qui en a 6, et le pensionnat de M. Trumeau, à Henrichemont (Cher), qui en a 7.

Témoignages

L'expérience que je fais de votre cheminée ne me laisse aucun doute sur la sincérité des félicitations que j'ai lues dans le prospectus, et je crois pouvoir ajouter qu'elle fera disparaître tous les appareils de chauffage, à mesure qu'elle sera connue et appréciée. M. Perruche,

Photographie de la cheminée 4me modèle

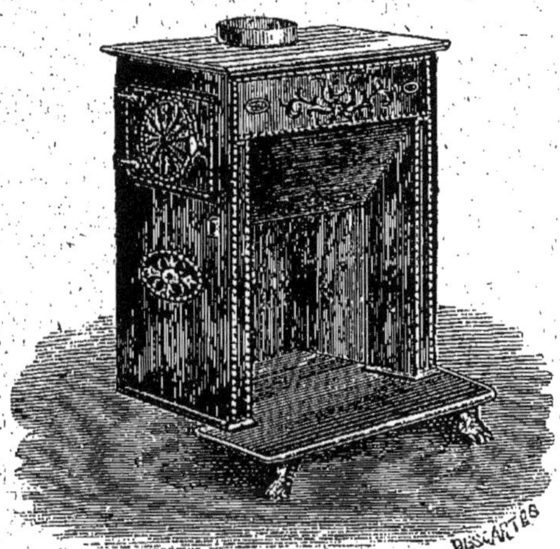

Avantages qu'offrent ces cheminées

Beau foyer, exemption de toute fumée, grande économie de combustible ; grande salubrité d'air ; on y brûle bois et toutes espèces de charbons de terre ; on les place où l'on veut, comme un poêle ; elles font disparaître poussière et mauvaises odeurs ; elles ne donnent jamais d'odeur de fonte, parce qu'une grande partie de la chaleur sort par l'ouverture du foyer, et que le reste étant divisé sur une grande étendue de surface (2m55), frappée par l'air de la chambre, la fonte ne s'échauffe pas au point de donner de l'odeur ; il faudrait, pour cela, un feu qui élevât la température à un degré insupportable.

Dans les cheminées avec four à deux portes, on peut chauffer l'eau et cuire la viande, etc... Toutes peuvent être placées dans celles du mur, sans perdre même la chaleur de la tablette :

président du tribunal de Lure, me charge de vous témoigner le même contentement de la sienne.

Mougenot, *architecte à Lure (Haute-Saône).*

J'ai expérimenté la cheminée avec du bois, puis avec du charbon de terre. Le calorique qu'elle a produit s'est élevé à six degrés plus haut que celui donné par une cheminée prussienne que j'ai aussi expérimentée dans la même chambre avec le même combustible, dans une situation tout à fait analogue. Je suis heureux, M. le curé, de rendre hommage à votre invention, et de vous dire que vous avez résolu le problème que nos praticiens cherchent depuis longtemps : beaucoup de chaleur avec peu de combustible.

Bertrand, *architecte à Lure (Haute-Saône).*

Le 1er modèle, qui est loin de valoir le 4e, a obtenu la médaille d'argent à l'Exposition de Chaumont.

MENGELLE, Etienne, 13, rue du Théâtre-Français, Marseille. — Becs économiques à gaz.

MENGELLE, 13, rue du Théâtre-Français, Marseille. — Appareils pour éclairage au gaz.

MENESTROL (de), marquis d'ESQUILLE, 15, rue Lapeyrouse, Toulouse. — Appareils d'allumage des feux.

MULLER, Emile, et Comp., 6, rue Impériale à Jory (Seine). — Appareils de chauffage en terre cuite pour habitations, édifices, etc.

MUNAUT, J., Cornay par Grandpré (Ardennes). — Foyers-calorifères.

MUNAUT, J. — Appareils de chauffage.

MAKLOUF-DARMON, 5, rue Randon, Alger. — Paire de pantoufles brodées.

MIMOUN-LELLOUCH, 5, rue Randon, Alger. — Deux lanternes.

PATRIDGE, et Comp., Régent Parade Works, Caroline-Street (Birmingham). — Lampes à gaz, lustres, à gaz, becs de gaz mobiles.

PELLETIER et A. GAILLARD, 7, rue Montmartre, Paris. — Appareils de chauffage.

PERIÉ, Alexandre, 27, rue d'Enghien, Paris. — Appareils à gaz munis du verre Alexandre.

PONS, 7, boulevard Saint-Aubin, à Toulouse. — Appareil d'éclairage.

RAFFIN et DURAND, 15, rue Molière, Paris. — Lanternes système breveté, dites lanternes universelles.

RICHARD, Joseph, Lambesc (Bouches-du-Rhône). — Lampe sculptée à suspension.

RICOT, PATRET et Comp., Varigny (Haute-Saône). — Poêles-fourneaux économiques, calorifères, cuisinières, sablerie et ornements en fonte.

ROCHON, Joannès, 34, rue Grenette, Lyon. — Séchoir capillaire (appareil de chauffage).

ROUSSEL, Jules, Rosières (Cher). — Fourneaux économiques pour la cuisson des racines et le chauffage de la lessive.

SALOMON-HADJADJ, 5, rue Randon, Alger. — Plateaux argentés.

SCHEIDECKER-HUMBER (Mme Vve), Mulhouse. — Poêles en faïence.

SHOULT, Henry, 12, boulevard Saint-Martin, Paris. — Calorifères Gurney.

SIMON, Claude, Roanne (Loire). — Thermosiphon.

SOCIÉTÉ DES ALLUMETTES LANDAISES, 56, rue Saint-Péters-
bourg, Paris. — Allumettes Christine Nilsson, sans soufre ni phos-
phore.

Allume-Feux, dits Allumettes Landai- | sûreté de Suède, Etoile du Nord, sans
les. Economie 50 %. — Allumettes de | Soufre ni Phosphore. — Feu instantané.

SOURDEVAL (de), 22, rue Bergère, Paris. — Appareil à chauffer le
vin.

VENOT et Comp., 225, faubourg Saint-Honoré, Paris. — Allumettes
brevetées de MM. Venot et Comp.

VERGUIN (Vve) et Fils, 2, place du Petit-Change, Lyon. — Appareils
de chauffage.

ZANI, Charles, Saint-Germain-en-Laye (Seine-et-Oise). — Plans de
chauffage à l'eau chaude et à la vapeur pour jardins d'hiver, serres, etc.

CLASSE 38

ALBERTIN, A., quai Bréqui, 1, Grenoble. — Concasseur à noix, lit de campement, échantillons, noix de table et beurre fondu.

AMSON, G., 46, rue Turbigo, Paris. — Maroquinerie.

ANDRÉ Fils, Nîmes. — Sujets gravés sur os de seiche.

AUBIN, Villeneuve-d'Agen (Lot-et-Garonne). — Tournerie.

BACHOUD-CAILLAT, Nantua (Ain). — Objets de tournerie, bois et buis.

BÈGUE, Augustin, 179, rue Saint-Martin, Paris. — Jouets d'enfants, etc.

BERTRAND, Jean, Roanne (Loire). — Canne en bois ouvragée intérieurement, le tout découpé dans la même pièce.

BESNARD, A., Cité ouvrière, rue Paradis, Marseille. — Paniers à bouteilles.

BEUDHEIM, Adolphe, 3, rue Aubriot, Paris. — Maroquinerie.

BONNAZ, Ph., coiffeur, 2, rue Perrod, Lyon. — Dessins et travaux en cheveux.

BONTEMS, 72, rue Cléry, Paris. — Oiseaux automatiques chantant.

BOISSON frères, 26, rue Napoléon, Oran (Algérie). — Papier à cigarettes.

BOUDET, 143, 144, Palais-Royal, Paris. — Objets de maroquinerie.

BOUVARD, Ambléon, près Belley (Ain). — Table à ouvrage, porte-montres et autres objets tournés.

BRICE, Ollioules (Var). — Coloriste et teinturier d'immortelles en toutes couleurs.

BUCHIN, Fils, 11, quai des Célestins, Lyon. — Fourneaux et batteries de cuisine, jouets d'enfants.

CAMUS, F., breveté s. g. d. g., 26, place du Trône, Paris. — Nouveau vélocipède tricycle. Pédales.

CATALANO, Palerme (Sicile). — Dessus de guéridon laqué et incrustations nacre, personnages chinois en relief.

CHABERT, Henri, mécanicien, 15, passage Vendôme, Lyon. — Indicateur automatique des stations de chemin de fer. Marque mécanique pour jeu de billard. Boîtes pour cigares. Chaise marche-pied. Distributeur et araignoir mécanique. Niveau pour billard. Tubes économiques pour lampes.

CHAVANT et PALAIS, 63 et 65, galerie de l'Argue, Lyon. — Brosserie en tous genres.

CORDIER et Comp., Nantua (Ain). — Objets tournés en tous genres, buis, corne, bois étrangers.

CORET, A., Bourg-Saint-Andéol (Ardèche). — Porte-allumettes.

TOULON Firmin et DEVILLERS, 179, rue de Charenton, Paris. — Table mosaïque.

DANJAT, Jean-Laurent, 1, rue Champ-Fleuri, Lyon. — Maroquinerie, genre nouveauté.

DECRETTE, Genève. — Compteurs de points pour joueurs de billard.

DESSEIN, 13, rue Chapon, Paris, jouets d'enfants.

DIDOU, H. Fils, 28, rue du Buisson-Saint-Louis, Paris. — Fermoirs de bourses, porte-monnaie et blagues en acier.

FOURCHET, 165, avenue de Saxe, Lyon. — Tambours d'enfants.

GIRARD et Fils, 9, rue de la Préfecture, Lyon. — Travaux en perles, articles funéraires.

GOIFFON, Félix, 53, rue de l'Hôtel-de-Ville, Lyon. — Tournerie et tabletterie.

GRANDON, Charles, 16, rue Bichat, Paris. — Touches de pianos, billes de billard, plaques, etc., en ivoire, blanchîment de l'ivoire.

GRAPPIN et DALLOZ Père et Fils, Saint-Claude (Jura). — Pipes unies et sculptées.

GRENIER, Alix, Saint-Claude (Jura). — Pipes bruyère. Articles ordinaires fins et extra-fins. Porte-cigares et fume-cigarettes.

HATTERER (Vve), 15, passage Tocanier, Paris. — Papier à cigarettes.

HASSLAUER (Vve), Givet (Ardennes). — Pipes en terre.

HUART, Alexandre, au château du Pailly, près Argenton (Indre). — Nécessaires, trousses, etc.

HUGEDÉ (Mme), Pierre-Louis, boulevard Bonne-Nouvelle, 40, Paris. Tableau, enseigne, chiffres en verre, relief, etc.

JACQUIER, Claude, 81, rue Lafayette, Paris. — Voitures, jouets d'enfants, chevaux mécaniques, etc.

KIMMERLIN, Edouard Fils, 27, rue Maroquin, Strasbourg. — Boîtes.

KOCH, Georges, 33, rue de la Tête-d'Or, Metz. — Pipes en racine de bruyère riches, sculptées et unies.

LAURENT frères, neveux et successeurs, Rennes (Ille-et-Vilaine). — Pipes ébène faites à la lime.

LEMAITRE, Mathilde, institutrice, petite rue Saint-Jean, Colmar (Alsace). — Corbeille à ouvrage.

LEMOULAND, Prosper, 5, boulevard de Strasbourg, Paris. — Brosse mécanique à l'usage des coiffeurs.

LIÉTO, Alexandre, Nice. — Stores transparents.

MAGAUD, Fontanay (Loire). — Pipe dite incassable, cadres, coffrets, etc.

MANTIN, Victor, Moulins (Allier). — Panoplie, chêne, vieux bois.

MANDRILLON-REFFAY, rue du Champ-de-Foire, Saint-Claude (Jura). — Tabatièrse en corne de buffle et en bois ; plaqué en tous genres.

MARQUIS frères, 36, rue Ferrandière, Lyon. — Brûle-charbon, breveté. Pipes, tabatières, maroquineries, et autres articles pour fumeurs et priseurs.

Inventeurs brevetés s. g. d. g., du Porte-feu, dit **Pyrofère**, brûlant pour **5** cent. de charbon en **12** heures, à l'usage des Débits de Tabacs, Cercles, Cafés, Brasseries, Buvettes, etc. Appareils en bois, Cuivre, Cristal, etc.

MORBOIS-MARTEL, Ivry-la-Bataille (Eure). — Fabrique de peignes et de billes de billard.

MAYET, Mary, Pont-en-Royan (Isère). — Tabletterie et tournerie en buis et bois.

MOHRENWITZ-HELHMANN, 22, rue Meslay, Paris. — Petits meubles de fantaisie.

Petits meubles de fantaisie en bois, bambou, laqué et faïence. — Guéridons, servantes, tables à ouvrage, jardinières, cache-pots, écrans, glaces-toilette, caves à liqueurs, séchoirs à cigares, étagères, nécessaires, spécialié de stores en bois, dépôt de chaises en bois courbé. MOHRENWITZ et HELLMANN, 22, *rue Meslay, Paris.*

MOREL, 25, rue Contrale, Lyon. — Cartonnages pour confiseurs, boîtes pour bureaux et magasins.

MOREL, ANDIZZONE et Comp., 7, 9, boulevard des Italiens, Paris. — Objets en bois sculpté et cristaux montés sur bois sculpté.

MOULIÉRA, 37, quai Saint-Antoine, Lyon. — Articles de voyage.

PATARD, C., 5, rue Quatre-Chapeaux, Lyon. Encadrements sous verre, cadres.

PELLAT (Mlles) sœurs, 100, rue de l'Hôtel-de Ville, Lyon. — Trousseaux de poupées, layettes de bébé. Bébé habillé et poupée parlante. Jouets d'enfants de toute nature.

PERRIN Père et Fils, Caderousse (Vaucluse). — Balais de jonc.

PIANELLA et BRACCIANO, sculpteurs, 21, rue Saint-Denis, Saint-Étienne (Loire). — Garniture complète de cheminée ou console, vasse, pendules, vide-poches, cadres et socles.

PIÉROTIN-BLAVIER, Origny-en-Thiérache (Aisne). — Paniers en osier.

PINSON, Émile, 13, rue Saint-Martin, Paris. — Tableau contenant des incrustations d'écaille, d'ivoire et nacre.

RICHARD et DRIVET, 19, rue Gronette, Lyon. — Cartonnages de luxe, papiers à papillotes et articles pour confiseurs.

RAIMOND, I., 59, faubourg Saint-Martin, Paris. — Caves à liqueurs.

RÉAL, Émile, 15, rue Coq-Héron, Paris. — Maroquinerie, gaînerie.

SILVAIN, PEYRON et Fils, Quimperlé (Finistère). — Cerceaux pour jouets d'enfants.

SIMON, Verdun (Meuse). — Menuiserie.

SOLLIER, parfumeur, 10, rue Saint-Dominique, Lyon. — Bois tournés et sculptés.

SYLVESTRE, Gustave, boulevard Limbert, Avignon. — Balais blindés.

TIMPÉ, C., 3, rue Mont-Blanc, Genève. — Articles de voyage. Malles de voyage.

TRUCHE, 48, rue Ferrandière, Lyon. — Billes de billard et ivoirerie.

VAUDOIT, Théophile, Clermont-Ferrand. — Papier-moule à cigarettes le *Véloptime*, le *Cigarogène*.

VIENNOT, 36, 38, rue des Gravilliers, Paris. — Étuis de voyage en buis, ivoire et ébènes tournés. Articles de tabletterie de Tours.